## アジア・アフリ

| 西暦 | |
|---|---|
| 855 | |

- 1856 清＝アロー戦争（—1860）
- 1857 インド＝セポイの乱（—1858）
- 1858 清＝ロシアと愛琿条約、イギ〔...〕を結ぶ
  ムガル帝国滅亡
- 1860 北京条約調印
- 1862 清＝洋務運動おこる
- 1863 カンボジア＝フランスの保護領となる
- 1864 清＝太平天国の乱おさまる
- 1867 マライ＝海峡植民地イギリス直轄地となる
- 1869 スエズ運河開通

1870

- 1874 ベトナム＝フランスの保護国となる
- 1876 日朝修好条規締結
- 1877 ロシア・トルコ戦争
  インド帝国成立　インド、イギリス領となる
- 1878 サン・ステファノ条約
- 1885 インド国民会議派成立
- 1886 ビルマ、イギリス領となる
- 1887 フランス領インドシナ連邦成立
- 1894 朝鮮＝東学党の乱
  日清戦争（—1895）
- 1898 清＝戊戌の変法
- 1899 清＝義和団事件（—1901）
- 1900 日本、ロシアなど6か国が清に出兵

1900

- 1905 孫文、中国革命同盟会を東京で結成
- 1906 インド国民会議　反イギリス運動おこる
- 1908 青年トルコ党の革命
- 1910 日韓併合

1910

生活の近代化すすむ　自由民権思想がおこる　社会主義思想が登場
近代的な国家体制が成立　富国強兵　大陸進出はじまる

# 目　次

| | | |
|---|---|---|
| **ファーブル** | 文・有吉忠行<br>絵・鮎川　万 | 6 |
| **トルストイ** | 文・有吉忠行<br>絵・江崎やすこ | 20 |
| **ロダン** | 文・有吉忠行<br>絵・もりとう博 | 34 |
| デュナン | 文 有吉忠行　絵 永沢　樹 | 48 |
| チャイコフスキー | 文 有吉忠行　絵 久保村博 | 50 |
| カーネギー | 文 有吉忠行　絵 浜岡信一 | 52 |
| ドボルザーク | 文 有吉忠行　絵 永沢　樹 | 54 |
| ルノアール | 文 有吉忠行 | 56 |
| レントゲン | 文 有吉忠行　絵 槇　隆夫 | 58 |
| ベル | 文 有吉忠行　絵 浜岡信一 | 60 |
| 読書の手びき | 文 子ども文化研究所 | 62 |

せかい伝記図書館 12

# ファーブル
# トルストイ
# ロダン

# ファーブル

(1823—1915)

やさしいまなざしで昆虫をみつめ、その生態を美しい文章で『昆虫記』に記した昆虫学者。

## ●虫の好きな少年

　20世紀の初めころから、世界じゅうの子どもたちに読みつがれている虫の本があります。森や草むらや土の中にいる虫たちのふしぎな生活を、あたたかい心と、美しい言葉でつづった『昆虫記』です。

　この『昆虫記』を書いたジャン・アンリ・ファーブルは、1823年に、南フランスのサン・レモンという小さな村で生まれました。家は、たいへん貧しい農家でした。

　暮らしが苦しかったため、ファーブルは、5歳のとき両親と別れ、ひとりだけ、山の中にある祖父の家にあずけられました。

「ぼく、ちっとも、さみしくなんかないよ」
　山へきたファーブルは、毎日、いろいろな昆虫がいる牧場や森へ行ってあそびました。

　昆虫をみつけると、何時間でも、そばからはなれません。めずらしい虫の鳴き声が聞こえると、何日かかっても、その虫をさがします。
「あの子は、ほんとうに虫が好きだ」
　祖父も祖母も、あきれてしまいました。
　昆虫にむちゅうになっただけではありません。ふしぎに思えることはなんでも調べたがりました。ある日、太陽に向かって、目をとじたり口を大きくあけたりして、祖父をびっくりさせたことがあります。
「ぼく、太陽の光が、目で見えるのか口でわかるのか、実験してみたんだよ。光は目で見えるんだね」

祖父は笑いました。でも、ファーブルは、自分でたしかめてみないと気がすまなかったのです。

　やがて7歳になったファーブルは、小学校へ入るために、村へもどりました。

　村の小学校は、教室がたったひとつしかない、ちっぽけな学校です。しかも、ブタやニワトリが教室に迷いこんで大さわぎになるので、勉強はちっともすすみませんでした。ファーブルは、あいかわらず野山をかけまわって、昆虫や動物たちとあそんでばかりいました。だから、いつまでたっても、文字をおぼえませんでした。

　ある日、父が、食べものをけんやくしたお金で、1枚の大きな絵を買ってきてくれました。たくさんの動物が並んでいる絵です。ファーブルは、だいすきな動物の名前を知るために、またたくまに、文字をおぼえてしまいました。やがて教科書も読めるようになりました。よろこんだ父親は、ごほうびに、こんどは詩人が書いた動物ものがたりの本を買ってくれました。

　ファーブルは、このときの父のやさしい心づかいを、いつまでも忘れませんでした。

### ●レモン売りをしてパンを買う

　ファーブルが10歳になったとき、家族は、町へひっ

越しました。父が、農業をやめて町でコーヒー店を開くことになったからです。

　ファーブルは、教会が建てたりっぱな中学校で学べるようになりました。しかし、1つだけ気のすすまないことがありました。それは、月謝を免除してもらうかわりに学校の合唱隊に入れられ、日曜日になると、教会で歌をうたわなければならなかったことです。教会に来ているおおぜいの人のまえに立つと、いつも、足がふるえて声がでませんでした。

　でも、ふだんは森や川で昆虫や魚とあそび、ときには、よその家のリンゴの木にのぼってリンゴをポケットいっ

ぱいにしたり、農家の七面鳥にいたずらをしたり、友だちと走りまわって楽しい毎日をすごしました。

　ところが4年ののち、父親がコーヒー店の経営に失敗して、家族は、さらにちがう町へひっ越しました。そして、中学校を卒業したばかりのファーブルは、自分ひとりで生活していかなければなりませんでした。父親はよその町へはたらきに行き、母親は小さい弟をつれて、店に住みこんではたらくことになったからです。ファーブルは、まだ14歳でした。

「もう、だれにも、たよることはできない」

　ファーブルは、鉄道工事の土はこびをしてお金をもらいました。みすぼらしい服を着て、遊園地でレモン売りもしました。宿がないときは、公園のベンチで星を見上げながらねました。

　苦しくて泣きたいときは、昆虫のことを考えました。パンを食べるのをがまんして詩集を買い、美しい詩を口ずさんで気をまぎらせたこともありました。そして、雨で仕事ができないときは、きまって中学校の図書館へ行き、図鑑を借りて昆虫の勉強をしました。すると、ある日、思いがけないしあわせがおとずれました。

「きみは、師範学校へ進んだらどうだね。寄宿舎に入ってまじめに勉強すれば、食事代も月謝も、免除して

もらえる制度があるんだよ」
　昆虫を調べるファーブルの情熱に感心した中学校の先生が、こんなすばらしいことを教えてくれたのです。
　ファーブルは目を輝かせました。そして、はたらきながら勉強をつづけて、1年ののち、みごとに1番で入学試験に合格しました。
「自由に勉強ができるなんて、ほんとうに夢のようだ」
　ファーブルは、希望に胸をふくらませて学び始めました。2年生のとき、昆虫や植物の研究にむちゅうになって落第しそうになり、先生に「なまけものだ」と、しかられたことがありました。でもそれからは、しばらく昆虫

のことは忘れる決心をして、学校の勉強にはげみました。

## ● 18歳の小学校の先生

　師範学校を卒業したファーブルは、小さな町で小学校の先生になりました。18歳のファーブル先生です。
「学校をでたらすぐはたらく生徒がおおいから、おもしろくて、仕事の役にたつ理科を教えてやろう」
　ファーブルは、ガラス器の中で、酸素をつくったり、水素をもやしたり、鉄をとかしたり、さまざまな実験をしてみせました。
「ファーブル先生の授業は、おもしろいぞ」
　ふしぎな実験に、子どもたちはむちゅうになりました。学校ぎらいの、いたずらぼうずたちも、いつのまにか楽しそうに勉強するようになりました。
　理科の実験のほかに、ファーブルは、1週間に1度、子どもたちを野原へつれだして、土地の広さや地形を調べる測量の勉強もさせました。これも、ファーブルが考えた、楽しくて役にたつ勉強のひとつです。
　ところが、この野原での勉強が、ファーブルの昆虫を研究する心に、新しい灯をともしました。
　土地を測りながら、子どもたちが、ときどきしゃがみこんで手を動かしています。ふしぎに思ったファーブル

が近づいてみると、子どもたちは、土の中のハチの巣をさがしだして、おいしそうに蜜をなめていました。
「どこに巣があるのだ。蜜は、どんな味がするんだい」
　ファーブル先生は、子どもをしかるのも忘れて、ハチの巣の観察を始めました。そして、そのよく日、1か月分の給料でも買えないほどの本を求めてくると、何十回も読み返して、ひそかに自分の心にいいきかせました。
「おまえも、すばらしい昆虫の本を書くようになれ」
　ファーブルは、いつかきっと、この夢を果たすことを思って、胸をはずませました。
　しかし、小学校の先生の給料は安くて、食べていくの

がせいいっぱいです。そのうえ、ちょうどこのころ結婚をしたため生活はますます苦しくなり、昆虫の研究にうちこむことなど、とてもできませんでした。

そこでファーブルは、中学校か大学の先生になる目標をたてて、数学と物理学の勉強を始めました。だれも教えてくれる人はいません。むずかしい問題にぶつかると、岩にしがみついて山をよじのぼるようにして、がんばりつづけました。1つの頂上にたどりつくと、もうひとつの高い山をめざして、努力しました。そして25歳のとき、大学から、数学と物理学の学士めんじょうをもらいました。

ファーブルは、昆虫を追いかけたいのをがまんして、ひとつの目的をなしとげたことを、自分で誇りに思いました。でも、同じ年に長男を失い、明るい気持ちにはなれませんでした。

●いつまでも苦しい生活

1年ののち、ファーブルは地中海に浮かぶコルシカ島へわたり、中学校で理科を教えることになりました。

コルシカ島の海岸には美しい貝があります。山にはたくさんの昆虫がすみ、めずらしい植物がはえています。ファーブルは、ひまなときは海岸や山を歩きまわりまし

た。でも、昆虫の研究にむちゅうになることはできませんでした。中学校の先生になっても、生活の苦しさはあいかわらずだったからです。
「やはり、もっと数学を勉強して大学の先生になろう」
　ファーブルは、昆虫の本を書く夢は心の奥にしまいこんで、数学の勉強をつづけました。
　ところが、島へきて３年めのことです。
「あなたほどの人が昆虫学をすててしまうとは、たいへん残念です」
　島へ研究にきていた有名な植物学者に、才能をおしまれたファーブルは、自分の気持ちをあらためて整理して

みました。

　そして、まもなくして島をはなれ、アビニヨンの中学校に転任して、ふたたび昆虫の観察をつづけるようになりました。

　このとき、いちばんむちゅうになったのは、ツチスガリバチの観察でした。ツチスガリバチは、ゾウムシをとらえると、自分のからだの毒針で眠らせて、たまごを生みつけます。やがて、たまごからかえった幼虫は、ゾウムシを食べて自力で育ちます。ファーブルは、研究すればするほど、大自然のしくみに感動しました。

　朝から晩まで草むらにすわりこんでいて、町の人に、頭が変だと思われたこともありました。でも、なにをいわれても、どんなに笑われてもひるまず、やがてツチスガリバチの生活をつづって雑誌に発表すると、フランス学士院から賞がおくられました。

　しかし、家族は7人に増え、生活は、ますます苦しくなるばかりです。なんとかしなければ、これ以上、昆虫の研究をつづけることはできません。そこで思いあまったファーブルは、先生をしながら、草の根からとった染料で着物を安く染める研究をして、生活をたすけようとしました。

「手を染料でまっ赤にそめ、生活苦とたたかいながら昆

虫の研究をつづけるファーブル先生は、フランスの宝だ」

ファーブルは、皇帝や文部大臣からほめられ、くん章をもらいました。でも、草の根の染料の研究は、ほかに石炭から安い染料をつくることが発明されたため必要とされなくなり、結局、生活は楽になりませんでした。そのうえ、ファーブルが学校で宇宙や植物や動物の正しい知識を教えることが、町の人たちにきらわれるようになり、中学校の先生もやめさせられてしまいました。そのころは、まだ科学を認めたがらない人が、おおかったからです。自由に研究をつづけたかったファーブルは、この土地を去ることにしました。

## ● 30年かかって書いた『昆虫記』

　静かな村へひっ越したファーブルは、子どものための科学ものがたりを書いて、生活をささえました。そして、なにもかも忘れて昆虫の研究にうちこみました。

　ハチ、コガネムシ、セミ、トンボ、バッタ、コオロギ、イモムシ、カタツムリ……。昆虫を集めるのではありません。かいぼうするのでもありません。昆虫の生きたままのすがたを、やさしい心で見つづけるのです。そして、55歳になったとき、とうとう『昆虫記』第1巻を出版しました。でも、同じ年に、父と妻と、息子のジュールを亡くし、ファーブルの不幸は、いつまでもたえませんでした。

　『昆虫記』は、それから2、3年おきに1冊ずつ出版され、全10巻がそろったとき、ファーブルは、84歳になっていました。ところが、この年になっても生活はまだまだ貧しく、ファーブルがやっとゆたかになったのは、それから数年ののちでした。

「ファーブル先生を、みんなでたすけよう」
　ファーブルの貧しさにおどろいた詩人や文学者や科学者たちが「ファーブルの日」をひらき『昆虫記』のすばらしさを世に紹介して、やっと全10巻が売れるように

なったのです。

　もうすぐ90歳という年になって、ファーブルは、初めて生活の心配をしないで昆虫の観察ができるようになりました。しかしこのときは、すっかり弱ったからだが、もう自分の自由になりませんでした。そして、第1次世界大戦が始まったよく年の1915年に、昆虫を友として生きた92年の生涯を終えました。

『昆虫記』は、小さな虫たちへの愛情にあふれています。生きているものへの思いやりにみちています。

　虫のよろこびや悲しみがわかるファーブルは、春のそよ風のように、心のやさしい人でした。

# トルストイ
(1828—1910)

貴族でありながら、民衆の貧しい生活に心をいため、善と愛による救済を試みた大文学者。

## ●子どものときに父と母を失って

　世界文学の最高けっ作といわれる『戦争と平和』を書いたレフ・ニコラエウィッチ・トルストイは、1828年にロシア西部のヤスナヤ・ポリャーナという村で生まれました。父も母も、貴族の出身でした。それに家は、およそ700人の農民をかかえる大地主でした。

　2歳のときに母、10歳のときに父、11歳のときに祖母を亡くし、少年時代のトルストイは、兄や妹とともに、おばの手で育てられました。

　まるで王子のような生活で、なにひとつ不自由なことはありませんでした。でも、つぎつぎに肉親の死にめぐりあったことで、トルストイは、人間の死や人生の苦しみを深く考えるようになりました。

　16歳でカザン大学へ入りました。しかし、19歳で退

学してしまいます。勉強がきらいだったわけではありません。型にはまった授業を受けてみても、人間の生きる道をつかむことができなかったからです。

「静かなふるさとで、生きがいを見つけよう」

トルストイは、村へもどって、まず自分がりっぱな地主になることを学び、貧しい農民たちをしあわせにしてやろうと考えました。

ところが、じっさいに地主の仕事を始めてみると、その理想は、実現することなく終わってしまいました。農民たちにやさしい言葉をかけてやることはできても、貴族の生活しか知らないトルストイには、貧しい農民の苦

しみを、ほんとうに理解することはできなかったのです。また、地主が土地をひとりじめして、農民たちをどれいのように使う社会のしくみを改めずに、人びとをしあわせにしてやろうとしても、むりなことでした。
「わたしは、貴族も農民も平等の人間だと信じている。でも、どうしても、農民たちと心が通じあわなかった」
　トルストイは、自分の力がたりなかったことを悲しみました。そして、夢がやぶれた苦しさからのがれるために、いつのまにか、酒におぼれた生活をつづけるようになってしまいました。

● **軍人になって戦争を考える**

「いちど村をはなれて、考えなおしてみよう」
　23歳になったトルストイは、軍人だった兄の明るいすがたを見て自分も軍隊に入り、遠い南のコーカサスへ行きました。
　夏でも雪におおわれた高い山がつらなるコーカサスは、アルプスのように自然の美しいところでした。
　トルストイは、しだいに静かな心をとりもどしました。そして、戦がないときは本を読み、人生のことを考え、さらに、自分の悩みを書き記すようになりました。
「そうだ、人間の生き方を小説に書こう」

　少年のころから文学がすきだったトルストイは、やがて、小説を書く決心をしました。
「ほんとうの幸福とはなんだろう。それは、他人のために生きることではないだろうか」
　こんなことを考えつづけてきたトルストイには、小説家になりたいという心が芽生えていたのです。
　決心してから、数か月のうちに『幼年時代』を書きあげて出版社へ送りました。自分の生いたちを語ったこの作品は、心の変化を正確にとらえ、登場人物の性格をたくみに描いた小説です。雑誌に発表されるとおおくの人にほめられ、24歳のトルストイは胸をふくらませて、

作家への道を歩みはじめました。

　やがて1年ののち、トルストイは、軍人をやめることを考えました。

「人と人が殺しあう戦争とは、いったいなんだろう」

　戦争への疑問が、心を苦しめるようになったからです。

　ところが、ちょうどこのとき、ロシアとトルコとの間に戦争が起こり、平和を望みながらも愛国心が強かったトルストイは、陸軍砲兵少尉として戦場へ行きました。

　トルストイは、祖国のために、死ぬかくごで戦いました。しかし、ロシアは負けました。

　戦争に敗れ、28歳で軍隊をしりぞいたトルストイの心に残ったものは、赤い血にそまって死んでいった兵隊たちのことでした。

「国のために自分をぎせいにした人びとの死は、尊いものだった。でも、戦争という暴力は、やはり罪だ」

　トルストイは、人間の死と、戦争の罪悪を、ますます深く考えるようになりました。

● 農民のための自由な学校

　軍人をやめたつぎの年に、トルストイは、知識を広めるためにヨーロッパへ旅行しました。

　ところが、楽しいはずの旅は、イタリアからパリへき

たときに、急に暗いものになってしまいました。町の死刑台で、罪人の首が切り落とされるのを見てしまったからです。

「どうして、人間が人間をさばくのだ。こんな、ざんこくなことが許されるなんて、人間の進歩や文明は、いったいどうなっているのだろう」

トルストイは、悲しさに眠れない夜をいく日もすごしたあと、農民たちにいのちの尊さを教えるべきだと考えました。農民の子どもたちのために学校を作ることを心にきめて村へもどりました。

休んでも、ちこくをしてもしかられない学校。教科書

は教室においたままで、宿題も試験もない学校。教室では、自分のすきな席にすわれる学校。授業がいやになったら、外へとびだしてもかまわない学校。知識を教えるよりも、子どもたちといっしょに、人間の生きかたを考えあう学校。そして、お金が少しもいらない学校。

　トルストイが建てたのは、こんな自由な学校でした。規律や罰がなにひとつなくても、ちこくする生徒や、授業中によそ見をする人などは、一人もいませんでした。学校は、夢のように楽しいところだったからです。トルストイも、ゆとりをもって小説を書き、農業をしながら子どもたちの教育にうちこみました。

　ところが、あちこちの村に分校までできるようになると、子どもの心をたいせつにする自由な教育に反対する人や、教育を受けて農民たちの力が強くなることをおそれる人たちがあらわれ、この学校は、わずか３年ののち、国の力でつぶされてしまいました。

「農民の子どもたちに、明るい生きかたを教えるのが、どうして悪いのだ。石頭の役人たちめ」

　トルストイは、からだをふるわせておこりました。不当な権力に負けず、もういちど学校を作ろうとしましたが、役人をおそれる農民たちは、もう協力してくれませんでした。

## ●6年かかって『戦争と平和』

　トルストイは、夢をこわされて、すっかりふさぎこんでしまいました。でもまもなく心から信じあえる女性と知りあい、34歳のとき結婚しました。子どもも生まれて生活がおちつくと、気持ちも安らぎ、大長編小説『戦争と平和』にとりくみはじめました。
「長編は、登場人物を考えるだけでも苦しい。しかし、どんなにむずかしくてもロシア人の真実の心を描こう」
　トルストイは、この長編を6年間もの年月をかけて、完成させました。

『戦争と平和』は、空想で書いた小説ではありません。1812年にナポレオンがロシアへ攻めこんできたときの戦争を中心に、およそ16年間にわたるロシアの歴史を、くわしく語りつくしたものです。また、貴族、軍人、役人、地主、農民など、あらゆるロシア人を登場させ、ロシア国民のおろかさや、かしこさを、少しのうそもなくうつしだしました。トルストイは、戦争や社会のしくみや人間差別の悪にするどい目を向け、正しく生きようとする人びとの苦しみを、あざやかに描いていたのです。
「トルストイしか書けない、すばらしい作品だ」
　『戦争と平和』は、発表されるとたちまちヨーロッパの国ぐにで大評判になり、トルストイの名は世界に広まりました。

　しかし、トルストイは、大作家としてうちょうてんになるようなことはなく、それどころか、またも、農民たちのことを考えるようになりました。そして、もういちど村に学校を建てると、教科書まで自分でつくって、農民の子どもの教育に全力をそそぎました。

　よその土地で大ききんが起こったと聞けば、すぐにとんで行き、栄養失調でたおれた人びとに、やさしい手をさしのべました。村の人たちは、トルストイが乗った馬の足音が聞こえると「あの音は、神さまの足音だ」といっ

て感謝したほどでした。
「人間にとって、もっともたいせつなのは愛だ」
　トルストイは『戦争と平和』を書きつづけながら、世の中のあらゆるものへの愛を、自分の心のなかにしっかりと育てました。

● 他人への愛と神への愛

　45歳のときから3年かけて『戦争と平和』につぐ、第2の長編『アンナ・カレーニナ』を書きあげました。
　この作品は、自分が愛されることだけを求めた女性の、悲しい生涯を描いた物語です。トルストイは、この物語

をとおして、人間はどのように生きればよいかを考え、神とはなにか、信仰とはなにかを問いつめました。

『アンナ・カレーニナ』は、またたくまに名作とよばれるようになりました。でも、やはり『戦争と平和』を書いたときと同じように、作品の成功だけに満足することはなく、それまで以上に、自分の生きかたを考えるようになりました。

「大作家になっても、それはどんな価値があるのだ。わたしは、自分の欲のために生きているのではないだろうか」

トルストイは、これまでの生活や仕事を反省し、やがて「生きるということは、自分をすてて神を愛することだ」と信じるようになりました。そして宗教の問題を深く考えて『懺悔』『わが信仰はいずこにありや』などを書き、それらの作品をとおして、愛に根ざしていない国家や教会や文明に、強く反対しました。

「トルストイの作品は、国や神を、ばかにしている」

国は、トルストイをにくみ、作品の発表を、つぎつぎに中止させました。でも、トルストイは国の権力をおそれるようなことはなく、学問のない農民たちのために『イワンのばか』『火をそまつにすると』などの民話や童話を書いて、聖書の愛と寛容の教えを伝えました。

年老いてますます、神の愛をみつめて生きるように

なったトルストイは、70歳をすぎてから、最後のけっ作『復活』を書きました。

『復活』は、ひとりの貴族の男が、むかしだました女性が無実の罪で刑務所に入れられていることを知り、その女性をすくうために、神を求める人間に生まれかわっていくすがたを描いた物語です。

トルストイが、この作品でもっとも強くうったえたのは、人間はだれでも罪を背負っているのに、その人間がほかの人間をさばけるはずがないということでした。

「人が人をさばくことは、もっともおそろしい暴力だ」

神の愛だけを信じるトルストイは、社会の、すべての

暴力をにくむようになっていました。

　1904年、ロシアと日本とのあいだで日露戦争が始まると、トルストイは、ロシア人にも日本人にも「戦争はやめよう。戦争は殺人だ。神にそむく暴力だ」とうったえました。

　この戦争は、1年後に、ロシアが敗れて終わりました。でもトルストイのこのうったえは、両国の平和をのぞむ人たちの大きな支えになりました。

● 82歳にもなって家出

　1910年、82歳のトルストイは、家も妻も財産もすてて家出をしました。

　すべての財産を貧しい農民たちに分けてやろうという考えが、妻には、どうしても理解してもらえなかったからです。

「わたしは、農民たちと、あまりにも違うぜいたくな生活を、もう、これ以上つづけていくことはできません。あなたを責めるのではありません。こうするより、しかたがないのです」

　これが、妻へ残した手紙でした。ところが、この手紙は、ほんとうの別れの手紙になってしまいました。それから1週間ごに高い熱をだして、ある小さな駅でたおれ

たトルストイは、永遠の眠りについてしまったのです。

トルストイの遺体がふるさとへ帰ってきたとき、黒山のように集まった村の人びとは「永遠の記憶」という歌を、いつまでもいつまでも、うたいつづけました。

トルストイは、どんな人でもわけへだてせず、対等の人間としてつきあいました。また、外国の見知らぬ若者から人生について質問されれば、忙しい時でもていねいに返事を書いてはげましました。

トルストイは、不正のはびこる社会と闘いつづけました。でも、いちばんはげしく闘ったのは、神の道からはずれようとする自分の心との闘いでした。

# ロダン

(1840—1917)

人びとの無理解に負けず、人間の感情と躍動する生命を、力強く表現した大彫刻家。

## ●絵がすきなわんぱくこぞう

『考える人』という有名な彫刻があります。石に腰をかけたたくましい男が、ひざに立てた右手をくちびるにおしあてて、じっと、なにかを考えつづけている像です。男は、たとえ天地が2つに割れても、考えることをやめそうにありません。しかし、悲しみに沈んでいるのではありません。男のからだのなかでは、生命の火があかあかとともえています。耳をすますと、心臓の音さえ聞こえてきそうです。

この彫刻のけっ作『考える人』をつくったのが、フランスの大彫刻家オーギュスト・ロダンです。

ロダンは、1840年に、パリで生まれました。父は警視庁に勤めていました。でも、給料が安く、ロダンと姉、それに父と母の4人家族の住まいは、貧しい人たちばか

りが集まっている町の、小さなアパートでした。
　幼いころのロダンは、わんぱくでしたが、一人でいるときは、わんぱくに似合わずいつも絵をかいていました。家が貧しくて、画用紙が買えなかったので、紙切れや、古雑誌を人からもらって、みじかくなったクレヨンで、さまざまな絵をかきました。
　やがて7歳になり、小学校に入りました。むちゅうになるのは図工ばかりで、ほかの学科の成績は、何年生になってもよくなりませんでした。
「つぼや皿に絵をかく職人になってくれればよいが……」
　わが子の勉強ぎらいに困った父は、13歳のロダンを、

工芸学校に入れました。するとロダンは、みちがえるように勉強するようになりました。そして、1度ねん土を手にしてからは、絵よりも彫刻がすきになり、ひまさえあれば、ねん土で人間の手や足を作るようになりました。
「よし、美術学校へすすんで、もっと彫刻を学ぼう」
　父と母の反対をおしきって彫刻家への道を進むことを決心したロダンは、ねん土で手がよごれているとき以外は必ず美術館や図書館へかよって、勉強しました。
　ところが、17歳のときに受けた美術学校の試験の結果は不合格でした。そして、つぎの年、さらにそのつぎの年の受験も、やはり失敗してしまいました。
「ぼくには、彫刻家になる才能はないのだろうか」
　失望したロダンは、進学をあきらめました。

### ●芸術家をあきらめ修道僧に

　20歳になったロダンは、彫刻家や建築家の助手になってはたらきはじめました。暗い毎日でした。そのうえ、ロダンが芸術家になることを、ただ一人理解してくれていた姉が急病で亡くなり、ロダンは、からだの力が、すっかりぬけてしまいました。
「もう生きていく元気もない。修道僧になろう」
　姉のなきがらにすがりついて、泣けるだけ泣いたロダ

ンは、近くの修道院に入ってしまいました。
　ところが、半年もたつと、神につかえるだけの静かな生活が、しだいにたえられなくなってきました。そんなある日のこと、修道院の院長によばれると、院長の上半身の彫刻をつくるようにたのまれました。
「ねん土がにぎれるなんて夢ではないだろうか」
　ロダンは、翌日から制作にかかり、やがて彫刻を完成すると、こんどは、自分から院長にたのみました。
「わたしは、やはり彫刻の道を進むのがほんとうだと思います。お願いです。修道院からだしてください」
　院長は、すぐにゆるしました。ほんとうは、院長が自

分の彫刻をつくらせたのは、ロダンに、やはり自分の進む道は彫刻しかないのだ、ということをさとらせたかったからなのです。

修道僧の服をぬぎすてたロダンは、ふたたび、職人の仕事にもどりました。ロダンの顔に、もう暗さはありませんでした。

「だれにも心配かけず、ひとりでがんばりぬこう」

ロダンは、両親の家をでると、ぼろぼろのアトリエを借りて、昼は職人、夜は芸術家の生活をはじめました。このとき残念だったのは、制作したねん土の作品が、ばらばらに、こわれてしまうことでした。作品を保存するためには、ねん土像に石こうをあてて型をとり、その型に、とかした青銅や鉄を流しこんで青銅の像や鉄の像をつくっておかなければなりません。しかし、貧しいロダンには、ねん土を買うだけがせいいっぱいでした。ねん土のままの像は、かんそうしたり、凍ったりすると、つぎつぎに、くずれてしまいました。

## ●完成しなかった『地獄の門』

24歳で、モデルの女性と結婚したロダンは『鼻のつぶれた男』という作品を、初めて展覧会にだしました。しかし落選でした。そして、それから10年以上も、苦

しい生活とのたたかいがつづきました。
「これこそ、だれにも負けない新しい彫刻だ」
　1877年、すでに37歳になっていたロダンは『青銅時代』と題する作品を、自信をもって展覧会にだしました。
『青銅時代』は、ちょうど生きている人間と同じ背の高さの男の像でした。右手で髪の毛をつかみ、なにか悲しみを訴えるようなすがたは、いまにも悲しみの声が聞こえてくるほど、生き生きとしていました。ところが、一人の審査員が、とんでもないことをいいだしました。
「この像は、モデルのからだに石こうをあてて型をとり、それに銅を流しこんでつくったんだろう」

ロダンの名まえは、まったく知られておらず、それに『青銅時代』があまりにも人間の実物そっくりだったからです。

　これを聞いたロダンは、最大のぶじょくだ、と叫んでおこりました。そして、モデルの男の写真とからだの寸法をさしだして、審査員のうたがいをはらしました。

『青銅時代』は、3等に入賞しました。

「やっとみとめられたよ。長いあいだ苦労かけたね」

　ロダンは、妻の手をとって熱いなみだを流しました。

　それから3年ののち、フランス政府から、装飾美術館のとびらの制作をたのまれました。ロダンは、胸の奥からこみあげるよろこびを、おさえることができませんでした。構想がせきをきったようにあふれます。

　でも、高さ約6メートル、幅4メートルの大とびらを彫刻でかざるのは、たやすいことではありません。いく日もいく日も構想をねりました。

　そして、イタリアの大詩人ダンテが書いた『神曲』を思いだし、地獄へ落ちていく人間のすがたを、180人あまりの人体像で描きだそうと心にきめました。とびらは『地獄の門』と名づけられ、制作にとりかかりました。

　ところが『地獄の門』は、2年たっても、3年たっても完成しません。困りはてた政府の役人は、ロダンのア

トリエへさいそくに行きました。すると、すっかり完成しているではありませんか。役人は『地獄の門』をすぐ政府へおさめてくれるようにたのみました。ところが、ロダンは、役人をにらみつけて、言いはなちました。
「まだ完成していません。自分でほんとうに完成したと思える日まで、この門をお渡しすることはできません」
　早く完成しないと政府からお金がもらえず、妻が生活費に困ることはわかっていました。でも、少しでも自信のない作品を世にだすことを、芸術家としてロダンは自分にゆるすことができませんでした。
　『地獄の門』は、ついに完成しませんでした。しかし、

ロダンにとっては未完成でも、世界の人びとには大けっ作です。『考える人』も、この『地獄の門』にかざられる予定でつくられたものです。

『地獄の門』は未完成に終わっても、彫刻家ロダンの名は、フランスじゅうに広まりました。

● 理解されなかった『カレーの市民』

約束をやぶって『地獄の門』を政府に渡さなかったことを、悪くいう芸術家もいました。でも、ロダンは、もう人のかげぐちなど気にしませんでした。そして『説教するヨハネ』『地獄に落ちた女』など自信のある作品だけを発表して、ますます、名声を高めました。

「ロダンの彫刻は、美しいだけの彫刻とはちがう。どの作品にも、生きている人間の感情がある」

だれもが、迫力のあるロダンの作品をほめたたえ、44歳のときには、カレー市から英雄サンピエールの銅像をたのまれました。

イギリス軍に攻められてカレー市がぜんめつしそうになったとき、市民のぎせいとなって、一人で敵の死刑台にのぼったというサンピエールの物語を聞き、その美しさに心をうたれたロダンは、制作を始めました。ところが、またも、１年たっても２年たってもできあがりませ

ん。ロダンの気持ちがどうしても、サンピエールの像にのりうつっていかないのです。
「英雄サンピエールのことを、もっと調べてみよう」
ロダンは、市の歴史を読みはじめました。すると、意外なことがわかりました。市民のぎせいになろうとしたのはサンピエール一人ではなく、全部で6人でした。しかも6人は、少しも勇ましい英雄ではなく、死をおそれてなげき悲しみながら、敵地へ向かって行ったというのです。
「死をおそれぬサンピエールではなく、死をおそれつつ市民のために死んだ6人をつくらなければだめだ」

ロダンは、英雄サンピエールの考えをすて、やっと作品を完成させました。市の注文をうけてから8年めのことでした。しかし、市は銅像を受けとろうとはしません。『カレーの市民』と名づけた作品は、英雄の像ではなく、死の恐怖になやみ苦しむ6人の立像だったからです。

　市は『カレーの市民』を、3年後にようやく受けとりました。ロダンは、自分の作品が、3年間も無視されつづけたのに、少しもおこりませんでした。全能力を注いだ作品に満足していたからです。

● たとえ全世界が反対しても

　ロダンは、作品に、自分の思想を、たいへん強く表現しようとしました。だから『カレーの市民』のように、作品が理解してもらえないことは、めずらしいことではありませんでした。

　58歳のときにつくりあげた『バルザック』も、やはり理解してもらえないばかりか、バルザックを愛する文学者たちを、すっかりおこらせてしまいました。

　バルザックは、すでに1850年に亡くなっていた大作家です。フランス文芸家協会から、その記念像を注文されたロダンは、バルザックの小説を読み返し、この大作家の生まれた町へもでかけて、奥深い心をさぐりました。

　像をつくるためには、その人物の顔かたちがわかっているだけではなく、性格やものの考えかたをじゅうぶんに理解しないかぎり、生きたバルザック像をつくることはできないと考えたからです。

　数か月たって、ロダンは、やっと像をつくりはじめました。しかし、自信のもてる作品が、どうしてもつくれず、1年もたつと、アトリエはバルザックの像だけでいっぱいになりました。

　「バルザックの像はいくつもできあがっているのに、ロダンは渡そうとしない。いったい、どういうわけだ」

　『地獄の門』のときと同じように、さいそくにきた人た

ちは、おこりました。そして、最後には、記念像をつくるけいやくを、もう中止するといいはじめました。

友人は、たくさんのバルザック像のなかから、どれか1つを渡すようにすすめました。でもロダンはぜったいにいうことをきかず、先にもらっていたお金を、全部返してしまいました。やかましいさいそくから解放され、ロダンは、心ゆくまでバルザック像にうちこみました。そして自信のある作品が、まもなく完成しました。

ところが、そのご、もう1度バルザック像をめぐる事件が起こりました。文芸家協会の希望でこの作品が発表されると、たちまち非難の声ばかりが集まったのです。新聞や雑誌も、いっせいにロダンの悪口を書きたてました。あれは未完成品だという人もいました。ねまきすがたで、苦悩にみちたバルザックだったからです。

しかし、ロダンは、どんなに悪くいわれても、まったくおどろきませんでした。そして、こういいました。
「たとえ全世界が反対しても、わたしは、あのバルザックの像に責任をもちます」

● 人のまねはするな

1914年に第1次世界大戦が始まると、ロダンは、イギリスへ避難しましたが、1年でパリにもどり、1917

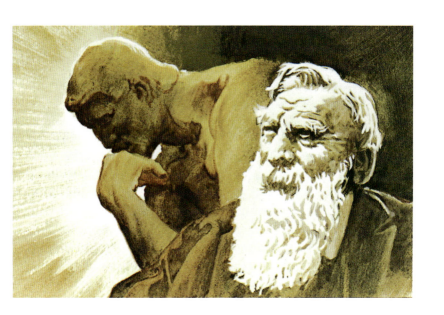

年に、77歳で大彫刻家の生涯を終えました。愛しつづけた妻の死から、わずか9か月ごのことでした。
「若い人たちよ、先ぱいの仕事をまねるな。真実は自分でみつけだせ。そして、自分の感じるところが、世間ふつうの考えと正反対であってもおそれるな。情熱ほど美しいものはない」

　これは、ロダンが若い芸術家たちに残した言葉です。
　どんなに苦しくても自分に忠実だったからこそ、ロダンは世界の大彫刻家になりました。
　東京上野の国立西洋美術館には、『考える人』などロダンの名作が、たくさんおさめられています。

# デュナン (1828—1910)

　北イタリアを占領していたオーストリア軍。その北イタリアを取りもどそうとする、サルディニア軍とナポレオン3世がひきいるフランス軍との連合軍。1859年6月24日、両軍あわせて32万の兵隊が、ソルフェリノの丘で死にものぐるいの戦いをくりひろげました。そして、15時間つづいた戦いが終わったとき、丘は、およそ4万人もの死傷者でうまっていました。
　ところが、銃声がやんでまもなくのことです。軍人でもないひとりの男が現れ、近くにいた婦人や子どもを集めて、死傷者の収容と看護を始めました。
「敵も味方もない。みんな同じ人間だ。みんなを助けるのだ」
　男は、こう叫ぶと、すべての死傷者に、あたたかい手をさしのべました。スイスからナポレオンに会いにきて、この戦いにでくわし、あまりのむごたらしさに、いきどおりをおさえきれず、血にそまった丘にとびだしたのです。
　この男は、30歳の若い実業家アンリ・デュナンでした。
「戦争で傷ついた人を、敵も味方も区別なく看護する救護隊を、ふだんからつくっておかなければだめだ」
　デュナンは、スイスへもどると『ソルフェリノの思い出』という本を書き、救護隊のたいせつなことを世界に訴えました。すると、ヨーロッパの国ぐにの皇帝、大臣、文学者から、賛成の手紙が寄せられました。クリミア戦争で看護婦として活やくしたナイチンゲールからも、はげましの声がとどきました。
　1863年、デュナンの叫びは実をむすびました。
「それぞれの国に救護隊をつくる。救護隊は、どこの国の傷病

者でも手当てをする。救護にあたる人や病院は、つねに中立であり、そのしるしとして、赤い十字を使おう」

ヨーロッパの国ぐにの代表がジュネーブに集まって、このようなことを決めたのです。そして、つぎの年にジュネーブ条約がむすばれ、国際赤十字が誕生しました。

スイスのジュネーブに生まれ、信仰ぶかい母に育てられたデュナンは、若いときから、不幸な人や貧しい人に手をさしのべる、やさしい心をもっていました。

国際赤十字をつくってからも、自分のすべての財産を投げだして慈善事業に力をつくしました。また、人種差別に反対して黒人どれいの解放も叫びつづけ、1901年に、世界最初のノーベル平和賞を受賞しました。

白地に赤十字のしるしは、デュナンの名誉をたたえて、スイス国旗の赤地に白十字の色を逆にしたものです。

# チャイコフスキー （1840—1893）

『白鳥の湖』という、有名なバレエがあります。悪魔に魔法で白鳥にかえられてしまった姫と、その姫に愛をちかった王子との、美しい恋の物語です。

この『白鳥の湖』を作曲したピョートル・イリイチ・チャイコフスキーは、1840年に、ロシアのボトキンスクという町で生まれました。父は、鉱山の技師でした。

父も母も音楽を愛する家庭に育ったチャイコフスキーは、幼いころから、名曲を聞き、ピアノをひくのが大すきでした。でも、小学校を卒業すると、上流家庭のしきたりにしたがって法律学校へ進みました。

19歳で役人になりました。しかし、役人のきまりきった生活がいやになり、わずか3年で役所をやめると、ペテルブルク音楽院へ入って作曲の勉強を始めました。母や、しんせきの人たちは反対しましたが、父だけは、自分の道を自分で選ぼうとするわが子を許しました。

「わたしの生きる道は、やはり、これしかなかったのだ」

チャイコフスキーは、宿題で10曲ほど作曲してくるようにいわれると、200曲も作って先生をおどろかせるほど勉強しました。そして、音楽院をすばらしい成績で卒業すると、つぎの年に、モスクワ音楽学校の先生にむかえられました。

「ロシアの古い音楽と、西ヨーロッパの新しい音楽をとけあわせて、だれにでもしたしめる曲を作ろう」

生まれつき内気で孤独な性格だったチャイコフスキーは、ひとりで小さな家に住んで、交響曲、弦楽四重奏などを次つぎに

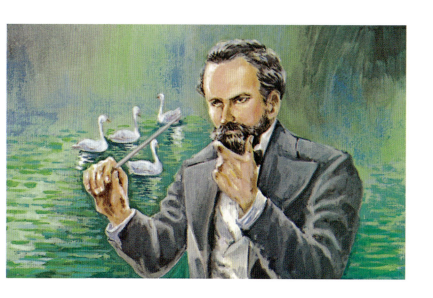

作りました。『白鳥の湖』を作曲したのは36歳のときです。

　37歳で、音楽院の教え子と結婚しました。ところが、性格が合わず、わずか2か月で別れてしまいました。心に深い傷をおったチャイコフスキーは、一時は、自殺を考えたほどでした。
「恋は失ったが音楽がある。音楽に、すべてをささげるのだ」
　やがて学校をやめ、ある金持ちの援助を受けて作曲ひとすじに情熱をそそぐようになり、名曲『イタリア奇想曲』『眠りの森の美女』『くるみ割り人形』などを生みだしていきました。また、作曲だけではなく、世界各地へ演奏旅行に出かけて、自分で指揮棒をふり、身も心も、音楽にひたりました。
　最後の曲になったのは、人間の深い悲しみを表現した第6交響曲『悲愴』です。この曲が初めて演奏されてわずか9日後に、コレラにかかって53歳の生涯を閉じてしまいました。まるで『悲愴』を自分のために作ったような、死にかたでした。

# カーネギー （1835—1919）

19世紀にアメリカの鉄鋼王といわれたアンドルー・カーネギーは、1835年に、イギリス北部のスコットランドで生まれました。家は貧しく、父は、手織物の職人でした。

カーネギーが13歳になったとき、家族は、大西洋を越えてアメリカへ渡りました。人間の手のかわりに蒸気の力で動かす機械が発明されて、産業革命とよばれた時代が進み、父の手織りの仕事がなくなってしまったからです。

「少しでも、かあさんを、らくにしてあげよう」

心のやさしいカーネギーは、母を助けるために、ぼうせき工場の糸巻きやかまたき、電信会社の電報はいたつ係や電信技術者などをして、大人にまじってはたらきました。

学校へは行けませんでした。でも、図書館の本で勉強をつづけ、歴史も文学も科学も、自分の力だけで学びました。

17歳で父が亡くなると、つぎの年にはペンシルバニア鉄道会社へ入り、1861年に、黒人どれいの解放をめぐって南北戦争が起こったときには、26歳の若さで北軍の軍用鉄道と電信の総かんとく官をつとめるほどになっていました。

1865年までつづいた南北戦争で、鉄道が破かいされるのを見たカーネギーは、大きな決心をしました。

「これからは鉄道がもっとたいせつになる。それには質のよい鉄が必要だ。よし、自分で、鉄道と製鉄の会社をおこそう」

そのごのカーネギーは、鉄橋会社、機関車製作所、製鉄所などを次つぎにつくり、やがて、イギリスで新しく開発された製鋼法をとり入れて鉄鋼業一本にとりくみました。そして、さら

に鉄鉱山も手に入れ、45歳をすぎたころには、アメリカの鉄鋼の半分以上を生産する力をそなえて、ついに鉄鋼王とたたえられるようになりました。

　ところが、1901年、66歳のカーネギーは、すべての事業の権利を売りはらって、鉄鋼の業界からしりぞきました。大きな競争相手が現われ、経営がむずかしくなったからです。
「鉄でもうけたお金で、社会事業に力をつくそう」
　カーネギーは鉄鋼王から社会事業家へ身をかえ、もういちど大きな人生を歩み始めました。公共図書館や大学の建設、教育や科学の発展を推進するための財団の設立、国際平和運動を進めるための援助、ニューヨークの音楽会場カーネギー・ホールの完成など、その社会事業は数えきれません。
　金持ちは富を世のために使う義務があると考え、それを実行したカーネギーは、鉄鋼王である以上に偉大な人間でした。

# ドボルザーク (1841—1904)

チェコ西部に生まれ、町から町へさまよい歩くジプシーたちの音楽を耳にしながら育ったアントニン・ドボルザークは、幼いころから、心に音楽の火をともして成長しました。

ところが、12歳になったとき、父に「家にはお金がない」とさとされ、肉屋へ、はたらきにだされてしまいました。でも、夢を捨てきれないドボルザークは、父にかくれて音楽を学び、16歳でプラハのオルガン学校へ入って苦学をつづけました。そして卒業ごは、昼は音楽の家庭教師、夜はホテルの楽団員をして、音楽家への道をあゆみはじめました。また、21歳から12年間は、プラハの国民劇場管弦楽団のビオラ奏者をつとめながら、作曲にもはげみました。

「わたしは、チェコ人だ。チェコ民族の音楽を作ろう」

このころのチェコは、オーストリアに支配されていましたが、ドボルザークは祖国愛にもえて、作曲にとりくみました。

34歳のときに、幸運がおとずれました。

オーストリア政府から、すぐれた芸術家として奨学金が支給されるようになり、そのうえ、祖国の美しさと人びとのやさしさをたたえた『スラブ舞曲』が、ドイツの大作曲家ブラームスにみとめられたのです。また、ブラームスの協力で『スラブ舞曲』などの楽譜が出版され、作曲家ドボルザークの名は、ヨーロッパじゅうに広まりました。

50歳でプラハ音楽院の教授にむかえられ、さらにつぎの年にはニューヨークの音楽学院に院長としてまねかれ、アメリカへ渡りました。交響曲『新世界より』、弦楽四重奏曲『アメリカ』

などを作曲したのは、このときです。
「人間の愛と、ふるさとへの思いにみちあふれた美しい曲だ」
『新世界より』が演奏された日のカーネギー・ホールは、超満員の人であふれ、われるような拍手がなりやみませんでした。
しかし、祖国の自然が恋しくてしかたがないドボルザークは、わずか３年でアメリカをはなれ、プラハへ帰りました。そして、おおくの協奏曲、交響曲、歌劇を生み、プラハ音楽院院長やオーストリア上院議員をつとめ、63歳で世を去りました。

　ドボルザークは、蒸気機関車が大すきでした。幼いときから、黒い鉄のかたまりの力強さとものの悲しさに心をひかれ、60歳ちかくになっても、散歩のときには機関庫へ立ち寄って、ひとり静かに機関車をながめていたということです。

　ドボルザークは、祖国を愛しつづけた心のやさしい音楽家でした。そのやさしさが、チェコ国民音楽のきそをきずきました。

# ルノアール (1841—1919)

「目に見えた物を、ただ正確に美しく描くのではなく、見た瞬間に感じたことや印象に残ったことを、絵にしていこう。また、暗いアトリエから外にでて、明るい太陽の下で、きらめく色彩と光線をたいせつにして絵をかこう」

19世紀の半ばすぎから20世紀のはじめに、このような考えで、絵をかくことが盛んになりました。印象派とよばれる絵です。

1841年にフランス中部のリモージュで生まれたピエール・オーギュスト・ルノアールは、この印象派で世にでた画家です。

小学生のころ、授業中に絵ばかりかいて先生をおこらせたルノアールは、家が貧しかったため、13歳のときから陶器工場で皿に絵をかいてはたらくようになりました。そして4年ののちには、扇子に絵をかく仕事にかわり、家の暮らしを助けながら、少しずつ絵の勉強をつづけました。

ルノアールの画家への道は、このようにして自然に開け、22歳のときには、はやくも展覧会に入選しました。

「形式にとらわれず、自由な色で自由な絵をかこう」

やがて、モネやシスレーとともに印象派の絵をかくようになり、33歳のときからほとんど毎年のように印象派展を開いて、大成功をおさめました。ルノアールは、この印象派展に、街で楽しそうにあそぶ人びとを描いた『ムーラン・ド・ラ・ガレット』などの傑作を、数おおく出品しました。

しかし、皿や扇子に絵をかいていたころから、絵は自分の感ずるままに楽しんでかくのだ、と信じてきたルノアールは、40歳をすぎると印象派の人びととはなれ、自分だけの絵をか

ルノアール画『自画像』『舟遊びする人びとの昼食』

きつづけるようになりました。

　そののち、とくにおおく描いたのは、あどけない少女や、自然のままの女のすがたでした。なかでも、ありのままの女は、豊かな色で、やわらかく、あたたかく描くことを、どこまでも追究して『泉のほとりの女』『髪をゆう娘』などの名画をたくさん残しました。

　59歳のとき、すばらしい芸術がみとめられて、国から、フランス最高のレジオン・ドヌール勲章がおくられました。ところが、このころから、関節がいたみ始め、リューマチに苦しめられるようになりました。

　しかし、ルノアールは、絵をかくことをやめませんでした。車いすを使い、開かない手に絵筆をしばりつけて制作にはげみ、78歳で世を去るまで、絵をかき、楽しむことを忘れませんでした。そして生涯に、3000点以上の絵をかいたということです。

# レントゲン (1845—1923)

　エックス線を発見して1901年にノーベル物理学賞を受賞したウィルヘルム・レントゲンは、ドイツ西部のレンネップという町で生まれました。父は、織物工場をいとなんでいました。
　少年時代は、とびぬけた秀才でもなく、平凡な子どもでした。14歳で、となりの国オランダの高等学校へ進みました。ところが、いたずらをして先生を怒らせた友だちの罪をきせられて、卒業まぎわに退学させられてしまいました。
「大学で勉強したかったのに、どうしよう」
　高等学校を卒業していないと、ドイツやオランダの大学は受験できません。しかたなくレントゲンは、スイスまで行って、実力があれば入学がゆるされるチューリヒ工科大学へ進みました。そして、卒業ごは、そのまま大学に残って有名な物理学者クント教授の助手になりました。
　高等学校を卒業していないのが障害になって、大学教授への道は、なかなか開けませんでした。しかし、物理学に生きることを心に決めたレントゲンは、くじけずに研究にうちこみ、43歳のとき、やっとビュルツブルク大学の教授にむかえられ、5年ごには大学総長にえらばれました。
　総長になっても、朝から夜おそくまで研究をつづけました。とくに、目に見えない光線の研究に力を入れました。
　50歳になった、ある日のことです。ガラス管の中で真空放電の実験をくり返しているとき、ガラス管と机の上の蛍光板との間に手を入れてみたレントゲンは、あっと声をあげました。蛍光板にうつっているのは、手の骨だけです。

「あたらしい光線の発見だ」

　人のからだをとおす、ふしぎな光線です。しかし、光の正体はわかりません。そこでレントゲンは、答えのでていない数を数学でXと表すのを思いだして、エックス線と名づけました。

　エックス線の論文を発表すると、レントゲンの名は、またたくまに世界に広まりました。でも、レントゲンは、やがてノーベル賞を受賞してからも「エックス線は人類のものです。わたしは運よく発見しただけです」と言っただけで、すこしも誇らしげな顔をしませんでした。

「わたしは、頭で考えるよりも、まず研究し、実験した」

　これは、レントゲンが、自分の生涯をふり返って語った言葉です。高等学校退学で、長い間、教授になれなかった苦しみが、レントゲンを、ほんとうの物理学者にしたのかもしれません。エックス線は、医学と科学の発展に、大きな灯をともしました。

# ベル （1847—1922）

　1876年3月10日、自分と助手が3階と地下室にわかれ、その間に電線を引いて電話実験の準備をしていたベルは、薬品のかんをひっくり返して、思わず大きな声をだしました。
「ワトソンくん、すぐきてくれたまえ」
　ベルは、助手のワトソンが自分の部屋にはいないことを、つい忘れていました。ところが、まもなくワトソンが「聞こえた、聞こえた、聞こえた」と叫びながら、3階へ、かけのぼってきました。受話器をあてていたワトソンの耳に、ベルの声がつたわってきたのです。
「ついにやった、電話機の発明に成功したんだ」
　ふたりは、だきあい、とびあがってよろこびました。
　アレクサンダー・グレアム・ベルは、1847年に、イギリス北部のエジンバラで生まれました。父は、口や耳が不自由な人たちの会話を研究する学者でした。
　ベルも、父の仕事のえいきょうを受けて、少年時代から話すこと聞くことに興味をもち、犬にことばを教えてとくいになったこともありました。大学では、音声について学びました。そして、卒業ごはアメリカへ渡り、耳の聞こえない子や口のきけない子に、話のしかたを教えるようになりました。
　仕事のかたわら、電信の研究にもとりくんでいました。そして、あるとき、電磁石を使って声を電気で送ることを思いつき、電話の研究を始めたのです。数えきれないほどの失敗をのりこえて、助手のワトソンに「聞こえた」と叫ばせたのは、研究を始めて5年めのことでした。

　さて、その年にフィラデルフィア市で開かれた大博覧会でのことです。博覧会を見にきていたブラジルの皇帝が、おかしな機械の前で、気味悪そうにつぶやきました。
「これはふしぎだ、機械がものをいう」
　ベルが、すこしはなれたところから、送話器に「生きるべきか死ぬべきか、それが問題だ」と有名な『ハムレット』のなかのことばをしゃべったのです。
　ものをいう機械は、最高の賞をもらい、電話が発明されたというニュースは、またたくまに世界じゅうに広まりました。
　そのごのベルは、ベル電話会社をつくって電話事業の発展に力をつくし、エジソンが発明した蓄音機の改良なども手がけて、75歳の生涯を閉じました。大発明家、大事業家とたたえられるようになっても、口や耳の不自由な人たちのことを忘れないあたたかい心を、死ぬまでもちつづけました。

# 「読書の手びき」

### ファーブル

　ファーブルは『昆虫記』全10巻を、およそ30年という長い歳月をかけて完成させました。昆虫の観察ひとすじに生きた崇高な努力の結晶であり、まさに、自己の信念へ向かって命を燃焼させる、清らかな研究者の典型を見ることができます。『昆虫記』を読むと、さまざまな昆虫の生態のおもしろさと本能の神秘に、すっかり心を奪われます。そしてさらに、生きるものの命の尊さと、命あるものが生き続けることの尊厳について、どこまでも深く考えさせられます。このファーブルの『昆虫記』のすばらしさの秘密は、ほんとうはここにあるのだといっても、よいのかもしれません。それは、ファーブルの昆虫の研究は、昆虫を愛することに始まり、たとえ小さな生きものであっても、厳然と存在する命の確認を基底にして、つらぬかれたものであったからです。詩情あふれる『昆虫記』だと評されるのも、ファーブルの愛が、その底に一貫して流れているからでしょう。

### トルストイ

1904年に日露戦争が起こったとき、76歳のトルストイが『思い直せ』と題する文を書き、両国の国民に戦争の非を説きました。そして、この文は日本でもほん訳され、幸徳秋水や堺利彦らの反戦運動に大きな影響を与えました。トルストイは、社会の悪に対しては敢然と立ち向かいましたが、それはそのまま、自己完成をめざす深い苦悩から発したものに、ほかなりませんでした。トルストイは、つねに、人生の意義や目的や、神の存在や信仰などについて考え苦しみながら生き、その自己の魂の遍歴を、つぎつぎに作品にしていったのです。だから『幼年時代』から『復活』に至る名作の中にえがかれているものは、とりもなおさず大思想家トルストイの、限りない怒りと祈りと懺悔です。「幸福とは他人のために生きる